医療福祉カウンセリング

DAICHI

Parade Books

目次

はじめに

身近な人を自殺で亡くしたことがありますか？

私には二度、そういった心に重たい影を残すような体験がありました。

私は子供の頃、中高一貫校に通っていたのですが、その当時一緒の学校だった女性が社会人になってから自殺をしてしまったのです。

ニュースにもなりましたが、その女性は東大に行き、電通に入社した後、過労の末に自殺の道を選んでしまった高橋まつりさんという女性です。

また、中学生の時に知り合いだった男性が、後々自殺してしまったこともありました。

その子は高校生になり、春の選抜甲子園で一番センターで出場していました。

私も野球をやっていて、中学校の頃は、彼はスーパースターのような存在でした。

その彼も自殺で亡くなってしまったのです。

東大に入って、大手の広告代理店に入社したり、スポーツで大活躍するような才能溢れる若い人たちが、自殺に追い込まれてしまう社会に対して、何か自分ができないかと思い、本書を執筆することにしました。

私自身は、自殺してしまった二名の知人と比較すると、非凡な才能を持ち合わせていない、普通の人間です。

それどころか、二十代の頃はお酒に溺れ、飲酒運転で警察に捕まったことさえあります。

今だって、大きな実績を残しているわけではないのですが、「こんな人が頑張っているんだ。じゃあ、俺も頑張ろう」とあなたに思ってもらえるような本にしていきたいと思っています。

中学生の頃、私に対して母親のように可愛がってくれた恩師が生きている間に、本を出したいという夢が、私にはありました。

今回、不思議なご縁が重なり、本を執筆できることになったので、少しでも社会に対して良い影響を与えられるような本にしていきたいと思います。

本書では、カウンセラーになるための具体的なステップやカウンセリングの知識についてお話ししていきます。

また、過酷だと言われている医療福祉の現場についても、状況をお伝えします。

それから、今後カウンセリングビジネスがどのように成長していくかという未来の話も織り交ぜて、ご紹介します。

本書を読むことで、あなたが、カウンセラーとして長期的に成功し、たくさんの人を救えるように、そのサポートとなる情報をお伝えしていきます。

カウンセラーは、これから需要が増えていく分野です。

日本ではうつなどの精神疾患を患う人が年々増えています。

高橋まつりさんも、激務が続き、心身のストレスがピークに達していた状態でした。

本人のＴｗｉｔｔｅｒの記録が残されており、土日出勤が当たり前で、一日二十時間勤務という日もあったそうです。

「休日返上で作った資料をボロくそに言われた　もう体も心もズタズタだ」

「眠りたい以外の感情を失った」

「もう4時だ　体が震えるよ……　しぬ　もう無理そう。つかれた」

「生きているために働いているのか、働くために生きているのか分からなくなってからが人生」

「土日も出勤しなければならないことがまた決定し、本気で死んでしまいたい」

「毎日次の日が来るのが怖くてねられない」

「頑張れると思ってたのに予想外に早く潰れてしまって自己嫌悪だな」

「毎朝起きたくない？　失踪したくない？」

「はたらきたくない1日の睡眠時間2時間はレベル高すぎる」

「死ぬ前に送る遺書メールのCCに誰を入れるのがベストな布陣かを考えてた」

「男性上司から女子力がないと言われるの、笑いを取るためのいじりだとしても限界である」

「鬱だ」

そして、平成二十七年十二月二十五日の早朝に、「仕事も人生も、とてもつらい。今までありがとう」というメールを母親に送ったそうです。

母親は電話で「死んではダメよ」と元気付けたそうですが、その数時間後に寮から飛び降り自殺をしてしまいました。

ここまで追い込まれる前に、適切なカウンセリングを受けていれば、自殺まですることはなかったのにと思い、非常に悔しい気持ちが今でも湧いてきます。

ですが、この事件は氷山の一角に過ぎないのです。

特に、日本の医療福祉の現場は非常に過酷な環境で、精神疾患を患ったり、自殺をしてしまう人も、他の職種と比較して多いそうです。

私の妹は看護師をやっているのですが、患者さんもどんどん高齢化しているそうです。

医療と介護がミックスしているような形で、オムツ交換、食事の介助、入れ歯の洗浄、床ずれ防止のために体の向きを変えるなど、入院患者への介護的なケアの割合が、かなり増えているとのことです。

年齢を重ねると、頑固になったり、認知症を発症して、わがままになったり、暴言を吐いたりする患者さんも少なくないようです。

他にも、徘徊したり、点滴を引き抜いて血だらけになったり、医療や介護の現場は戦場のような毎日になっているそうです。

お医者さんも一人では捌ききれないくらいの仕事を常に抱えていますが、プライドもあるので、誰にも相談できずに追い込まれてしまっている人も多いです。

こういった状況から、医師や看護師、介護職員の自殺率は他の職種と比較して高いというデータが出ています。

日本からうつや自殺を減らしていくためにも、こういった医療福祉分野に関わる人たちをカウンセリングを通して、いかに良い方向に導けるかを追求していきたいと考えています。

あなたにも本書を通じて、日本の危機的状況を直視し、日本のうつや自殺を減らすために、立ち上がっていただければ幸いです。

それでは、医療福祉カウンセラーになるために、必要な知識や情報をお伝えしていきます。

第1章

医療福祉カウンセラーはスゴい

医療福祉カウンセラーのパワー

医療福祉カウンセラーの主なクライアントは医者、看護師、介護職員、そして、介護事業の経営者になります。

なので、お医者さんや経営者のような、普段は人を顎で使う立場の人たちからも「先生」と呼ばれ、頼られるようになります。

基本的に「先生」というポジションなので、仕事で人にペコペコ頭を下げなくて良くなります。

また、一般的なビジネスのように、必死に営業活動をしなくて良いというのも、医療福祉カウンセラーの良いところです。

医療福祉カウンセラーの人間関係

カウンセラーという仕事は、非常にやりがいのある仕事です。

心身共に疲労していた人が、カウンセリングを通じて立ち直り、イキイキと生活をするようになった時には、大きな喜びを感じることができます。

また、立ち直ったクライアントからは、感謝の手紙を頻繁にもらうこともあります。

それから、カウンセリングをきっかけに「弟子になりたい」という希望者も出てきたりします。

カウンセリングスキルは、人の話を深く聞く技術でもあるので、私生活でも女性にモテたり、友人たちから頼りにされたりなど、充実していきます。

医療福祉カウンセラーで夢を実現

日本では、精神疾患を患う人が増えています。

なので、これから先もカウンセラーの需要が伸び続けていきます。

まだまだ、日本ではカウンセリングを受けることが一般的なことだとは捉えられていませんが、アメリカでは定期検診と同じくらい普通のことだと捉えられています。

アメリカの動きを読めば十年先の日本が分かるという人がいるくらいなので、今後、日本でもカウンセリングがさらに一般化していくと考えられ、需要は加速度的に伸びていくかもしれません。

また、インターネットの発達により、オンラインカウンセリングの市場も拡大しているので、今から参入しておくことで、ビジネスとして考えた時にも、大きな利益を得ることができるでしょう。

特に、「医療福祉」というニーズが高い分野で活躍することにより、一般のカウンセラーと差別化ができ、競争優位を作り出すことができます。

オンラインカウンセリングを主戦場とすれば、場所にも縛られずに仕事ができるので、海外旅行や趣味など、自由に人生を謳歌することができるのです。

会社員の不遇

会社員はこれからの時代、さらに厳しい境遇に置かれていきます。

実際にサラリーマンの平均年収は減り続けていて、収入が原因で結婚できなかったり、第二子、第三子を作ることを諦める人もいます。

出社時間も決められ、満員電車で通勤し、残業までさせられた上、給料は毎月決められた額しかもらえず、しかも、給料が上がらないという状態です。

さらに、経済の変化がどんどん激しくなっているので、リストラや倒産のリスクも上がっていきます。

人付き合いだって縛られます。

会社の中では、嫌な上司や同僚、部下とも人間関係を切ることができず、強制的に付き合わなければなりません。

カウンセラーになれば、お客さんを選ぶ立場になりますし、プライベートは完全に自分の自由な人間関係を構築することができます。

サラリーマンは、子供の教育や家庭の絆づくりにもデメリットがあります。

平日は子供が起きる前に出社し、子供が寝てから帰宅するのが当たり前で、顔を合わせる暇もないくらいです。

そして、平日の激務から疲労が蓄積し、休日は家でゴロゴロという状態を見た子供たちからは、尊敬されるはずもありません。

収入も時間も余裕がなく、独身だったとしても異性からモテる要素がありません。

余裕がない人は、人とゆっくり真剣にコミュニケーションをとる時間もないので、プライベートで充実した人間関係を構築することが困難になってしまいます。

これからは、女性の活躍促進ということで、共働きが当たり前という前提で世の中が動いていきます。

なので、一人の給料で家庭を養うのは非常に苦しくなっていき、結婚もできない、家も買えない、飯を食うだけで精一杯という状態になってしまうでしょう。

そして、何のために生きているのか分からなくなってしまう人が増えていくと思います。

リストラされたら、再就職もなかなか見つからず、底辺の日雇い労働を余儀なくされ、体を壊したり、うつになったり、最終的には働く場所もなくなり、引きこもり、路頭に迷ってしまうような負のループに陥ることになりかねないのです。

第2章
日本のカウンセリング事情

医療福祉とは何か

医療とは、医術や薬で病気や怪我を治すことです。

福祉とは、人々に等しくもたらされるべき幸福のことです。

また、公的な配慮やサービスによって、幸福な生活環境を作り出そうとすることを言います。

医療や福祉の代表的な現場には、病院や介護施設などがあります。

医師、看護師、介護士、薬剤師、放射線技師、理学療法士、作業療法士など医療や福祉に携わる人々が、本書で紹介する医療福祉カウンセラーのクライアントとなる人たちです。

医療福祉現場のうつや自殺

二〇一七年に、うつ病など精神障害による労災請求件数が最も多かった業種は、実は医療福祉の分野でした。

医療業界では、五％の人々、二十人に一人がうつや不安障害の傾向にあると言われています。

医師や看護師の精神疾患の罹患率も増加傾向にあります。

また、医師の自殺は日本で毎年九十人から百人で、三日から四日に一人お医者さんが自殺していることになります。

医療や福祉の仕事は、大きなプレッシャーとストレスがかかる仕事であり、早急に手を打っていく必要があると考えられます。

カウンセラーの歴史

人類は古代から、心理的なケアを行なっていました。

古代では、シャーマンと言われる祭司や族長、宗教家が精神的なケアを行なっていました。

これがカウンセリングの原型だと言われています。

近代以降は、精神分析学が発達し、科学的な診断と治療が行われるようになっていきました。

また、現代では、ロジャーズが使っていた、「カウンセリング」という名称が定着し、心理的なケアを行う人のことを「カウンセラー」と呼ぶようになりました。

日本で初めて、心理カウンセリングの概念が取り入れられたのは、一九五一年だと言われています。

一九九〇年代に入ってからは、増加し続ける精神疾患の受診率、自殺や不登校などの社会問題を背景に、心理カウンセリングやメンタルケアが重要視されるようになっていきました。

今でも心理カウンセリングの需要は年々高まりつつあり、カウンセラー志望者も増えているところです。

カウンセリング市場

ある研究者の試算によると、日本のカウンセリング市場の規模は約三百五十億円だと言われています。

一方で、占い市場は二兆円というデータがあります。

本来は、カウンセリングを受けるべき人たちが占いという手段をはけ口にしている部分も大いにあるので、今後、カウンセリングを受けることが一般化していくにつれて、占い市場から流れてくると予想できます。

なので、日本におけるカウンセリングの潜在的な需要は非常に高いと考えられます。

第3章

カウンセラーを志したきっかけ

会社員時代の私

会社員時代の私は、建設現場の現場監督や営業の仕事を行っていました。

毎日終電まで仕事をして、翌朝は始発で出社をするような生活でした。

本当に、未来への希望も見えず、ただただ機械的に働いていました。

営業をやっていた頃は、ブラック企業どころか、レッド企業と言われているような会社に勤めて、結局続かず、すぐに辞めてしまいました。

今思い返しても、頭のネジが一本も二本も外れてしまったような人たちが会社にたくさんいて、毎日がストレスまみれでした。

自殺してしまう人の気持ちもよくわかります。

何のために働いているのか……

大学を卒業して、最初に現場監督をやったのですが、知識もスキルも何もなく、やることは現場の下っ端仕事でした。

いったい何のために大学を出たのかと思う日々が続きました。

営業は営業で、仕事を取ってこないと、会社からすれば用なしの人間です。

仕事が取れないときは、上司に怒られ、社長にも怒られる日々が続き、精神的にもキツかったです。

その後、営業の仕事を辞め、実家の会社に戻りました。

実家の会社なので、精神的なストレスやプレッシャーからは解放されました。

少し落ち着いた頃に、冒頭にお話しした電通の社員の女性が自殺をしたと聞いて、これまでの自分の仕事も振り返ってみて、他人事じゃなく、今の社会は何かがおかしいのだと実感するようになりました。

メンターとの出会い

電通女子社員の自殺、そして、中学生の頃の野球部の同級生の自殺をきっかけに、自分がもっと頑張っていれば、もしかしたら、自殺を食い止められたのではないかと思うようになりました。

そんなある日、偶然メンターが音声で、「日本からうつや自殺をなくしたい」というビジョンを語っていました。

自分の思いと合致していたので、それからはメンターが教えてくれることを、一つ一つ真剣に学ぶようになりました。

メンターの教え

私のメンターは、十代の頃からビジネスをやっていて、特に、心理学をベースとしたコピーライティングやマーケティングに精通している方でした。

メンターが教えてくれる教育スキルや学習スキル、心理学の知識を学んでいくうちに、対人能力やコミュニケーション能力が向上していき、友人や知人の心のケアや相談にのるようになっていました。

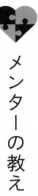

それからカウンセリングを始めていき、友人が紹介してくれた知り合いの心の問題も、次々と解決していけるようになっていきました。

メンターの教えを元に、独自のカウンセリングシステムを構築し、多くの人たちの心の問題を改善させられるようになりました。

私が構築したカウンセリングシステムを教えた知人たちも、対人スキル、コミュニケーションスキルが向上し、家族や恋人、友達の心の問題を改善できるようになり、人間関係がどんどん良くなっていったそうです。

本書では、私が構築したカウンセリングシステムを具体的に紹介していくので、あなたにも是非、カウンセラーを目指して欲しいと思います。

第4章

カウンセリング準備編

カウンセラーに必要な準備

カウンセラーの活動は、まずは一人目のクライアントを獲得するところからスタートします。

家族でも友人でも良いので、カウンセリングを実施していきましょう。

その積み重ねで、クライアントを紹介してもらったり、口コミで噂が広がり、あなたの元を訪れる人が増えていきます。

それから、対面でカウンセリングをする際には、清潔感のある服装を心がける必要があります。

Ｔシャツ、ダメージデニム、サンダル、ボサボサ頭では、クライアントに安心感を与えることができません。

また、オンラインカウンセリングの場合は、Ｓｋｙｐｅなどのアプリケーションを使う必要があるので、パソコンやスマートフォン、タブレット端末を用意しておきましょう。

場所は、対面カウンセリングの場合は、自宅でも良いですし、公共施設の貸し会議室や貸し部屋のようなスポットで、低料金で借りられるところからスタートすると、ビジネスとしてのリスクを下げることができます。

オンラインカウンセリングの場合は、ネットさえ繋がっていれば、沖縄でも北海道でも、海外でもどこからでもカウンセリングを行うことができます。

副業で始めて、年間二十万円以上の売り上げが出た場合は、確定申告が必要になります。

本格的にスタートするなら、まずは、税務署に開業届を出し、個人事業主としてスタートすると良いです。

確定申告自体は、ネットで検索する情報や、無料の会計ソフトを使うだけで、簡単にできます。

事業規模が大きくなっていったら、税理士に相談するなど、後々考えていけば良いと思います。

開業前も開業後も継続して、カウンセリングの講座やセミナーを受講したり、書籍を読んで知識を深く広くしていく必要があります。

必要な知識やスキル

カウンセラーにとって、生命線とも言えるのがカウンセリングスキルです。

カウンセリングスキルを磨くためには、臨床心理学や発達心理学、社会心理学、認知科学など座学での知識を学ぶことも重要です。

でも、何より経験がものを言うので、家族、友人、恋人から始め、数多くの人をカウンセリングする経験を積んでいきましょう。

誰でも最初は経験不足からスタートするものです。

クライアントと接しながら磨いていくというスタンスで、とにかく始めてみることが大切です。

また、カウンセリングはビジネスでもあるので、ビジネス関係の知識やスキルも非常に大切です。

コアとなるスキルとしては、コピーライティング、マーケティング、セールス、パブリックスピーキング、コミュニケーションです。

また、英語などの外国語のスキルを習得すれば、日本に在住の外国人の方にも、カウンセリングができるようになり、あなたの守備範囲が広がっていきます。

特に、近年は外国から留学生を招き入れ、看護師や介護士を増やそうという流れがあるので、外国語も学んでおくと良いかもしれません。

第5章

カウンセリング実践編

カウンセリングの代表的な方法

カウンセリングには、大きく分けて三つのアプローチがあります。

1 感情的アプローチ

発生している事態や取り巻く環境よりも、クライアントが何をどう感じているかにフォーカスし、無条件の肯定的関心を示す方法です。

また、感情的アプローチでは、クライアントの心の内側に積極的に共感し、理解するように努め、理解と共感を相手に伝えることが大切です。

カウンセラー自身も心理的に安定し、無理なく自分自身の言動や態度を受け入れることができる状態であることも大切です。

これらの「受容」「共感的理解」「自己一致」の三原則を行うのがカウンセリングの基本とされています。

2 認知的アプローチ

認知的アプローチのスタンスは、「人の感情は思考に影響されている」「問題を抱えている時は、非合理な思考に基づいた言動をとる」「認知の仕方を合理的に変化させれば、言動も変わる」というものです。

例えば、「就職した会社をすぐに辞めるのは恥ずかしいことだ」という非合理な考えを「仕事を続けるのに越したことはないけど、体や心を壊してまで続ける必要はない」とリフレーミングすることで、苦しみから解放されて、新たな可能性を生み出すことができるというアプローチです。

3 行動的アプローチ

行動的アプローチでは、クライアントの行動にフォーカスして、観察を行います。

そして、行動そのものを記録し、整理をして、反復練習などで改善を図っていきます。

本書では、社会で広く取り入れられ、カウンセリングの基礎となっている感情的アプローチをベースとしたカウンセリングステップを紹介していきます。

カウンセリングステップ

ステップ1 ▼ 場面構成

まずは、クライアントが話しやすい環境や空気感を作っていきましょう。
日常的な雑談から入ったり、趣味の話を聞いたりすると良いでしょう。

ステップ2 ▼ ラポール

ラポールは、クライアントとの共通点を見つけることで、作りやすくなります。

雑談の中から、共通の話題を探し、少し掘り下げた話などをして、お互いに共感できるポイントを作っていきます。

ステップ3▼受容・共感

クライアントが抱えている問題を聞いていくフェーズに入ります。

受容・共感のステップでは、とにかくクライアントが言うことを受け止めていきます。

「そうなんですね。それは辛いですよね」「それは、苦しい思いをしましたね」など、クライイ

アントの話を聞き、クライアントの感情を受容し、共感を示します。

ステップ4 ▼積極的傾聴

積極的傾聴では、あいづちやうなづきと共に積極的に話を聴いていきます。

「ああ、そんなことがあったんですね。それは、大変な思いをしましたね。その時に、他にも感じたことはありますか」など、相手の話を受け止めた上で、さらに深く掘り下げるような話の聴き方をしていきます。

ステップ5 ▼繰り返し

クライアントの言葉を繰り返してあげることで、しっかりと話を聞いて理解していることを示します。

ステップ6 ▼ 要約・感情の明確化

クライアントの話を整理してあげ、クリアな言葉で表現をし直します。

「つまり、上手くいかなかった自分に対して腹が立っていて、それを周囲の人にぶつけてしまうことで、自己嫌悪に陥ってしまっているということですね」という感じで、整理をして、明確に表現します。

ステップ7 ▼ 支持

クライアントの話の中で、客観的な視点に立った時に納得できる部分を見つけて、肯定的なフィードバックを与えてあげます。

「でも、自分の得意なことと苦手なことが分かったのは良かったですね」など、積極的に肯定できる部分を見つけて、言語化してあげるのです。

ステップ8▼質問

今までの話を振り返り、クライアントの気づきを深めるための質問をします。

「では、明日から心がけたいと思ったことは、何かありますか」など、前向きで未来に繋げられる質問をします。

ステップ9▼沈黙の処理

カウンセリングの中では、流暢に話が進まないこともよくあります。

ですが、こういった沈黙の場面は、原則的に待つようにしましょう。

長く続くようなら、ステップ5の繰り返しを行い、話を反芻する時間をとってください。

ステップ10▼必要に応じて情報提供

クライアントの問題解決や目標達成に向けて、有益な情報を提供します。

ここで、注意する点は、上から目線になって、押し付けがましくしたらダメということです。

できれば、クライアント自身が何らかの答えを出せるように、導くような情報提供を行っていくことが大切です。

ステップ11▼エンディング

カウンセリングは概ね五十分から六十分くらいを限度としておきましょう。

それ以上の時間はカウンセラーもクライアントも集中力が低下し、十分な効果が期待できなくなります。

エンディングでは、次回のカウンセリングの日時や、次回までに何をしてくるか約束をして、終わりましょう。

カウンセリングはクライアントと一対一で生み出していくものなので、あくまで、このステップは基本として押さえておき、臨機応変に対応してください。

まずは、型通りに行ってみて、実戦の中で、相手に合わせたカウンセリングを磨いていくというスタンスで、向上させていくと良いでしょう。

第6章

ビジネス実務編

カウンセリングビジネスの手続き

カウンセリングビジネスで生計を立てて行こうと思ったら、個人事業主で始めるか、株式会社もしくは合同会社でスタートする必要があります。

個人事業主で始める場合は、税務署に開業届を出すだけで、最初の手続きは大丈夫です。

個人事業主の場合は、年間三十八万円以上の事業所得がある場合は、確定申告が必要になります。

なので、基本的に毎年確定申告をすることになります。

ですが、無料の会計ソフトやネットに載っている情報だけでも、基本的な確定申告に必要な書類は揃えることができるので、そこまで大げさに考えなくても大丈夫です。

もし、人を雇う必要が出てきた場合は、最初に給料を支払った日から一ヶ月以内に、給与支払い事務所等の開設届出を税務署に行う必要があります。

それから、株式会社や合同会社としてスタートするなら、法務局での法人登記が必要になります。

会社の立ち上げは、売り上げが伸びてからでも大丈夫なので、まずは個人事業主としてスタートする方が、ハードルが低いです。

注意すべき点としては、「〇〇クリニック」という屋号を使ってしまうと、法律に抵触してしまうことです。

「〇〇クリニック」以外で、あなたのカウンセリングビジネスのコンセプトに合うネーミングを考えてみてください。

その他に特に必要な資格や許認可、届け出はないので、届け出関係には手間もかからず、低リスクで気軽に始めることができます。

第7章
カウンセラー・ケーススタディ

成功事例・失敗事例から学ぶ

カウンセリングビジネスをやっていると、うつなどの精神疾患で仕事に行けなかった人の社会復帰に役立てたり、その後すごく感謝されたり、口コミで依頼が殺到し、売り上げがものすごく上がるといった嬉しい出来事があります。

一方で、クレームを付けてくるクライアントがいたり、継続的にカウンセリングをしても、なかなか効果が上がらないということも起こり得ます。

また、集客が上手くいかず、ビジネスとして成り立たなくなり、廃業を余儀なくされる人もいます。

本章では、実際のカウンセラーたちの成功事例と失敗事例から、成功のポイントや避けるべき失敗ポイントを学んでいきます。

元銀座ホステス（成功事例）

銀座でカウンセリングスペースを経営されている女性のカウンセラーさんの例を紹介します。

この方は、ストレスとうつで、十年くらい働いていた会社をやめてしまったそうです。

病院を受診し、数年間投薬治療をしても、一向に回復しなかったということでした。

そんなある日、知人に「カウンセリングを受けてみたらどうですか」と勧められて、週一回のペースで、月四回程度カウンセリングを受けたら、一ヶ月～二ヶ月で心が軽くなり始め、楽になっていったそうです。

病院では、お医者さんから「仕事もしないように」と言われていたそうですが、生活するために銀座でホステスを始めたそうです。

それまでは諦めてばかりいましたが、それからは未来を作る決断をしようと決めたそうです。

復活したら、自分の会社を作って、人に雇われない仕事をしようと決めたそうです。

そして、ホステスの仕事で開業資金を貯めて、心理カウンセリングルームを作られたそうです。

その後も大学に行って心理の勉強をしたり、精力的に活動されているようです。

自分自身が悩み、苦しみ、病院で治らなかったものが、カウンセリングで楽になったという経験をしたからこそ、同じような経験をしている人を助けたいと思ったのでしょう。

カウンセラーは、人の気持ちに寄り添い、共感する能力が高い方が、より効果的なカウンセリングができます。

あなたも何かに悩み、苦しみ、それを乗り越えた経験があると思います。

その経験を、思い出してみてください。

きっとそれがあなたの財産になり、多くの人を救う鍵になるはずです。

集客失敗カウンセラー

カウンセラーが廃業してしまうケースで多いのが、「クライアントが集まらず、売り上げが立たない」ということです。

多くのカウンセラーは、カウンセリング系の何らかの資格を取得してから始める人が多いのですが、実はどれだけカウンセリングが上手くても、待っているだけではお客さんはやってきません。

なので、前述しましたが、ビジネススキルを身につける必要があり、特にお客さんを集めるためには、マーケティングの知識とスキルを習得する必要があるのです。

マーケティングでもっとも大事なのは、「お客さんになること」です。

なので、あなたがカウンセリングビジネスを始めてみたいと思ったら、一度カウンセリングを受けに行ってみると良いです。

お客さんが何を考え、何を感じ、どんな行動を取るのかが見えてきます。

例えば、あなたが仕事のストレスで心が沈んでしまい、誰かに相談したいと考えているとします。

それなのに、身近に相談できるような知人や家族もいなかったらどうするでしょうか。

恐らく、ネットで、「仕事　ストレス　解消」「仕事　ストレス　相談」などのキーワードを打って検索すると思います。

それから、色々と情報を調べて行って、カウンセリングを受けるのが良さそうだと思ったら、今度はカウンセリングについて調べると思います。

「カウンセリング　東京」「カウンセリング　大阪」など、あなたの住所の都道府県や市町村を入力して、検索すると思います。

そして、数あるカウンセリングサロンの中から、信用できそうなところ、怪しくなさそうなところを選択するはずです。

それから、メールや予約フォームで予約をして、カウンセリングを受けます。

カウンセリングを受けに行くときも、少しドキドキしながら、カウンセリングルームの最寄駅で降りて、スマホで地図を見ながら歩いて向かうでしょう。

近場まで着いたら、目視でカウンセリングルームを探します。

そして、見つけたら、またドキドキしながら、カウンセリングルームに入っていきます。

という感じで、お客さんになってみて、何を感じ、何を考え、どう行動するのかを体験し、覚えておく必要があります。

今の一連の行動の中で見ると「検索でヒットするネット媒体が必要」「安心感・信頼感のある情報発信が必要」「スマホで簡単に場所を検索できるようにす

る」「カウンセリングルームの場所が一目で分かりやすいようにする」「クライアントがカウンセリングルームに入った後に、リラックスできる工夫が必要」など、ざっと挙げただけでも、あなたがやるべきことが明確になってきます。

カウンセラーは理解と共感が武器です。

ですが、目の前のクライアントだけではなく、カウンセリングルームに来る前の、まだ見ぬお客さんの気持ちも理解し、共感できるかどうかが、実はカウンセリングビジネスの成否を分けることにもつながるのです。

第8章

カウンセラー・セルフケア

セルフケアの必要性

カウンセラーにとって、セルフケアは必須です。

なぜかというと、カウンセリングを受けにくるクライアントは、基本的に心のエネルギーが低下している人が多いです。

仕事や人間関係のストレス、将来の不安など、様々な要因で心に傷を負い、精神に不調をきたしているからこそ、カウンセリングを受けにくるのです。

そのように、心のエネルギーが低下した人たちを相手に、日々カウンセリングを行っていると、カウンセラー自身も影響を受けてしまいます。

人間には、ミラーニューロンという神経細胞があります。

このミラーニューロンは、自ら行動するときと、他の個体が行動するのを見ている状態の両方で、活動電位を発生させます。

他人を見て、我が事のように感じる共感能力を司っていると言われています。

なので、ネガティブな感情状態の人と接して、影響を受けないようにすることは不可能です。

だからこそ、カウンセラー自身が心を病まないためにもセルフケアが重要になってくるのです。

オススメのセルフケア

私の場合は、ネガティブな感情を発散するために、様々なアクティビティに身を投じるようにしています。

私が意識的に行なっているのは、次に紹介する十四個の感情ケアアクティビティです。

① 一人でカフェに行く

意識的に一人になり、思考や感情をリセットする時間を作ることが大切です。

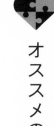

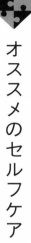

部屋にこもるのではなく、カフェに行き、コーヒーを飲みながら、ぼーっと町の景色を眺めるだけでも、随分と心が軽くなります。

実は、ぼーっとしている間にも、脳はデフォルト・モード・ネットワークという複数の脳領域で構成されるネットワークを活動させ、脳内の様々な神経活動を同調させています。

デフォルト・モード・ネットワークの異常が、うつ病などの精神疾患とも関係すると言われています。

デフォルト・モード・ネットワークの働きを正常に保つためにも、意識的にぼーっとする時間を作りましょう。

2 温泉に行く

温泉のリラックス効果は言うまでもないと思います。

心と体はつながっているので、温泉に入り、体をリラックスさせると、心のコリもほぐれていきます。

3 自然の景色を眺めながらサイクリング

気分が沈んだ時には、心拍数を上げるような運動を行うと、テンションの高い状態に持っていくことができます。

私は自転車が好きなので、少しストレスが溜まってきたなと思ったら、自然の景色を眺めながら自転車を漕ぎ、風を感じるようにしています。

4 気心知れた友人と飲みに行く

脳科学者・医学博士である岩崎一郎さんの研究によれば、「円滑なコミュニケーションが、個人の主観的な幸福感に大きな影響をもたらすと同時に、脳を活性化し、能力を引き出すことができる」そうです。

なので、気心の知れた友人とご飯を食べたり、お酒を飲みながら話すことは、感情ケアにとって非常に効果的ですし、仕事のパフォーマンスを高めることにもつながります。

5 音楽を聴く

古代エジプト人は、音楽を「魂のクスリ」と呼んでいたそうです。

また、科学的な研究でも、音楽にはストレスや疲労の軽減、血圧を下げる、心拍数を安定させる、うつ状態を改善する、集中力を高める、不眠を緩和するといった効果があることが明らかになっています。

また、アリストレテスも、音楽にはカタルシスの効果があると語っています。

カタルシスとは、心理学において、精神の浄化のことを意味します。

そう考えれば、音楽は人類の歴史において長きにわたり、人類の感情をケアし続けてきたとも言えます。

毎日少しでも良いので、好きな音楽を聴く時間を作ると良いでしょう。

6 散歩をする

散歩をすると、脳内に「セロトニン」という幸せホルモンと言われる物質が分泌されます。

セロトニンが分泌されると、落ち着きや満足、幸せといった気持ちになれます。

7 一人旅をする

一泊二日でも良いので、一人旅をすると、すごくリフレッシュできます。

移動時間も、人生について考える良い内省の時間になりますし、ぼーっと景色を眺める時間も多いので、脳のデフォルト・モード・ネットワークの正常化にもつながります。

8 湖、川、海などに出かける

自然に触れることは、理屈抜きに体感として気持ち良いと私は感じます。

湖や川、海などを眺めていると、自分が抱えている悩みが「ちっぽけなことなんだ」という気持ちになってきます。

そして、私たちは「地球に生かされているんだ」という気持ちも湧いてきて、ただ生きていることに対する感謝ができるようになります。

9 カラオケに行く

カラオケで好きな曲を思いっきり歌うのは、すごく良いカタルシスになります。音楽は聴くだけでもすごく心の健康に良いですが、自分で歌うとその効果は絶大です。

10 将来の目標を書く（良い未来を思い浮かべる）

将来の目標を書くと、未来志向になれます。

過去にこだわったり、現状維持に固執すると、人生はどんどん苦しくなりますが、未来のことを考えると、明るく前向きな気持ちになれます。

紙に書き出した、良い未来を頭の中でイメージすると、ワクワクしたり、楽しくなったり、ポジティブな気持ちになれます。

11 瞑想をする

瞑想も脳のデフォルト・モード・ネットワークの正常化に非常に効果的です。

また、瞑想中に、仕事のアイデアや問題の解決につながるイメージが浮かんだりするので、習慣的に取り組むと良いと思います。

12 鏡を見ながらアファメーションを唱える

鏡の前に立ち、鏡の中の自分に向かって、アファメーションを投げかけます。

アファメーションとは、自分自身に対する肯定的な宣言のことです。

簡単な例を出すと、「私は優秀なカウンセラーだ」「私は多くのクライアントの悩みを解決している」など、ポジティブな言葉を自分自身に投げかけていきます。

13 コーヒーやハーブティーを飲む

コーヒーの匂いには、リラックス効果があります。

また、カフェインにも、リラックス効果があることが、科学的な研究により明らかになっています。

ハーブティーも、どんなハーブティーを飲むかにもよりますが、カモミール、レモングラスなど、ストレスに効果の高いハーブがあります。

自分の好きなハーブティーを見つけて、リラックスタイムに飲むと、感情ケアに効果的です。

14 目標となる人物を決め、ポジティブなミラーニューロンを受ける（音声・動画・人）

自分にとって「尊敬できる人」「目標となる人」を持つことで、その人を観察・模倣し、スムーズに自己成長することができるようになります。

また、成功者の多くは、セルフイメージが高く、ポジティブな感情状態を維持しているので、その人の書籍、教材、音声、インタビュー映像などを見ることで、ポジティブなミラーニューロンを受け、感情ケアにも有効に働きます。

今回紹介した十四個のアクティビティ以外にも、感情ケアに有効なことはたくさんあると思います。

自分が「楽しい」「気持ちいい」「充実している」など、ポジティブな感情に切り替えられることを、積極的に取り入れていくことが重要です。

第9章

長期的に成功する方法

短期で廃業するカウンセラー

カウンセリングビジネスを始めたにも関わらず、短期間で廃業してしまうカウンセラーには、四つの理由があります。

1 カウンセリングスキルが低い

カウンセリングスキルが低ければ、クライアントに満足してもらうような効果を出すことができません。

そうすると、継続してカウンセリングに来てもらうことができないので、当然、収益も上がらず、ビジネスとして立ち行かなくなっていきます。

② セルフケアができていない

セルフケアができていないと、肉体や感情、精神にガタがきて、カウンセリングを続けることができなくなってしまいます。

自分自身が心身ともに健康で良い状態を保っていなければ、人の悩みを聞き、寄り添い、解決することはできません。

長期的にビジネスを継続させていくためには、自分の状態を常にモニタリングし、適切なセルフケアを行うとともに、無理のないペース配分を掴む必要があるのです。

③ ビジネスのやり方を知らない

前述しましたが、特に集客のやり方を知らなければ、高いカウンセリングスキルを持っていたとしても、クライアントはやってきません。

クライアントの現実に立ち、クライアントの気持ちになり、どうすれば、あなたのカウンセリングを受けたいと思ってもらえるかを考える必要がありますし、マーケティングを積極的に学び続ける必要があります。

4 ライフスタイルをアップグレードしてしまう

ビジネスが軌道に乗り、余裕が出てくると、ライフスタイルをアップグレードしてしまう人が多いです。

ですが、ライフスタイルをアップグレードすればするほど、クライアントの現実から離れていき、理解と共感も難しくなり、あなたの元から人が離れていってしまうことになります。

私の親戚関係にも起業している人が少なくないのですが、散財して借金まみれになってしまった人もいます。

ライフスタイルを維持したまま、何らかの自分へのご褒美を定期的に用意しておくと、クライアントの現実から離れることなく、モチベーション維持にもつなげることができるのでオススメです。

稼ぎ続けるカウンセラーの五つの特徴

ここでは、長期的に稼ぎ続けるカウンセラーの五つの特徴を紹介していきます。

1 セルフケアを怠らない

肉体面、感情面のセルフケアを習慣化することが重要です。

肉体と感情の健康なくして、良いカウンセリングはできません。

特にオススメしたいのが、朝に「運命の一時間」という習慣を持つことです。

この一時間だけは絶対に自分のためだけに使うと決めて、肉体面、感情面のセルフケア・アクティビティを行う時間を確保してください。

2 人間関係を大事にする

科学的な研究でも、人生の幸福は人間関係がもたらす部分が大きいということが、明らかになっています。

家族や友人、そして、クライアントとのご縁も大事にして、感謝し、感謝される関係を築いていける人は、ビジネスも長続きしていきます。

3 知識とスキルを磨き続ける

知識やスキルは磨き続けなければ、錆びついてしまいます。

また、情報化社会でどんどんと新しい概念が生み出されていく世の中なので、これまで通用していたことが、通用しなくなる時がきます。常に知識とスキルをアップグレードして、時代の変化に対応できるようにする必要があります。

4 専門外のビジネスに手を出さない

一つのビジネスで成功すると、次々と興味が移り、専門外のことにも手を出して、失敗する人も多いです。

興味が移りそうになったら、自分のビジョンに立ち返るようにしてください。

そのビジネスは、自分のビジョンを実現するために、本当にやる必要があるのかという軸を持ち、自分がやるべきことにフォーカスすることが大切です。

5 自分の使命としてカウンセラーの仕事を全うする

使命に生きれば、人は成功へと導かれていきます。

逆に、その道があなたの使命でなければ、どこか違和感を感じ、パッションが薄れ、長続きしなくなっていきます。

カウンセリングビジネスを始めるなら、自分の使命として「生涯この道を進む」くらいの覚悟で始めて欲しいですし、その方が長期的に見たときに、成功していく可能性が高いです。

第10章
医療福祉カウンセラーまとめ

最大のポイント

今後、あなたが医療福祉カウンセラーとして活動していく際に、絶対に覚えておいて欲しい言葉があります。

それは、「他人の心に希望を与えれば、自分の心の暗闇にも光が灯る」という言葉です。

これは、私のメンターが授けてくれた大切な言葉です。

他人に希望を与えるためにも、まずは、あなた自身が希望を持つ必要があります。

たとえ、辛いことや苦しいことがあったとしても、未来に対する希望を持ち、乗り越えていくことができれば、それが、誰か他人の心に希望を与えるメッセージになっていきます。

そして、他人の心に希望を与えれば、あなたの心の暗闇に光が照らされ、傷を癒すことができるのです。

希望を忘れずに生き抜いていけば、必ず道は開けると私は信じています。

人々がお互いに希望を与えあい、癒しあえる、そんな社会をみんなで作っていきたいというのが私の願いです。

六つの重要マインドセット

医療福祉カウンセラーを続けていく中で、楽しいこと、辛いこと、嬉しいこと、悲しいこと、様々な出来事が起こってきます。

その中で、道を諦めそうになったり、くじけそうになったりすることがあると思います。

そんなときには、これから紹介する六つのマインドセットを思い出し、心のエネルギーに変え、乗り越えてください。

1 「この人に会えて良かった」と思われたら成功

相手から、「この人に会えて良かった」と思ってもらえたら、その人との人間関係は成功です。

そう思ってもらえる人を一人ずつ増やしてく過程で、自分に対する自信も高まっていき、積み重なった信用がビジネスを成長させることにも繋がります。

あなたにも「モテたい」「お金を稼ぎたい」「出世したい」など様々な目標があると思いますが、いかに「会えて良かった」と思ってもらえるかを考えて行動すれば、様々な結果は後からついてきます。

2 自己満足した瞬間に進化は終わり

何事も、自己満足し、天狗になってしまった瞬間に進化はストップしてしまいます。

ビジネスでもある程度の成功を収めるまでは、ガムシャラに働き、ちょっと成功すると、手を抜いて慢心してしまう人がいます。

そうなると、そこから停滞し、衰退への道を歩んでいってしまいます。

私自身も高校受験や大学受験の時に、たまたま模試で、一度良い成績を収めたからといって、自己満足し、慢心してしまって、本番の受験で失敗した経験があります。

常に初心を忘れず、努力し続けることが大切です。

3 たまにはワガママになれ

本書を手にとってくれたあなたは、「人の役に立ちたい」「世の中を良くしたい」という真面目な気持ちを持ってくれていると思います。

そして、人生を真面目に一生懸命生きているはずです。

真面目さもすごく大切ですが、それがあなたを縛り、あなたを追い込み、病んでしまっては元も子もありません。

時には、他人を気にせず、自分を思いっきり解放するような時間を取ることも大切です。

4 俺の人生が俺のメッセージ

あなたが過去にどんな生き方をしてきたか、現在どんな生き方をしているか、これからの未来どんな生き方をしていくか、それによって、あなたの存在から発せられるメッセージが変わってきます。

口では偉そうなことを言っていても、生き方や行動が伴っていなければ、人から見透かされてしまいます。

カウンセリングの際の共感ステップで「分かるよ」と言っても、上辺だけの言葉なら、たちまち見透かされてしまうのです。

過去は変えることができないので、今をどう生きるか、そして、これからをどう生きていくかにフォーカスして、他人の心に希望を与えられるような人生を歩んでいってください。

5 人の話は最後まで聞け

カウンセリングでは、クライアントの話を受容し、積極的に傾聴し、理解し、共感することが大切です。

言葉で言うのは簡単ですが、一朝一夕にできるものではありません。

私たちは話を聞きながら、解釈したり、憶測したり、自分の意見に囚われてしまいます。

実は、人の話を聞いているようで、聞けていないということがよくあります。

なので、カウンセラーをプロとしてやっていくのなら、普段の会話から「人の話は最後まで聞け」というマインドセットを思い出しながら、受容、積極的傾聴、理解と共感を心がけて話を聞くようにしてください。

6 愛と継続

愛情を持ち継続したことは、あなたにとって人生を支える財産となります。

カウンセラーという仕事に愛情を持ち、継続していけば、必ず、その道はあなたを救ってくれます。

くじけそうなこと、辛いことがあり、諦めそうになったり、やめてしまいたくなった時には、「愛と継続」というマインドセットを思い出してください。

カウンセリング業界の水準向上が必要

巷のなんちゃってカウンセラーは、自分の健康管理すらできていない、青白い顔をした弱々しい人が多いです。

はっきり言うと、自分のこともできてないのに、他人の面倒を見ることができるのかという話です。

また、感情のセルフケアも上手にできずに、カウンセラー自身が病んでしまうというケースも少なくないです。

金儲け主義で、「カウンセラー資格を発行しますよ」というライセンス商法的なセミナーや養成講座も多く、実力が伴わないのに、大層な看板を掲げて活動している人たちもいます。

知識やスキル、経験が伴わなければ、カウンセリングで十分な効果を上げるのは難しいです。

日本では、カウンセリングという分野は、まだまだ一般的に気軽に受けるという文化ではないので、欧米と比較して、全体的なレベルが低いというのが現状です。

本書をきっかけにカウンセラーとしての活動をスタートさせていく人は、日々の研鑽を怠らず、レベルの高いカウンセラーに育っていくことを心から願っています。

カウンセラーの存在意義

志が高く、優れたスキルを持つカウンセラーが増えれば、日本の未来は明るくなっていきます。

カウンセラーは、うつや自殺を減らしていくことに直結する、すごく価値のある仕事です。

一人一人のカウンセラーが、自分の周りでうつや自殺をゼロにしていけば、日本全体でも相当な数が減らせるはずです。

カウンセラーは、人の人生を左右し、人の生き方に良い影響を与えられる、誇りを感じられる仕事です。

現代の日本では、年々精神疾患を患う人が増えています。

その中でも、特に、人の命と日々対面する、医療福祉の現場で働く人々の精神的な負荷が高い状況です。

その人たちの心理的なケアが十分にできるようになれば、患者さんや患者さんのご家族にも、ポジティブなエネルギーが波及していき、日本全体を元気にしていくことができます。

なので、カウンセラーの中でも、医療福祉カウンセラーは責任も大きく、影響力も大きく、非常に重要な使命を持った仕事なのです。

あなたにも、ぜひチャレンジして欲しいと思います。

一緒に日本を明るく元気にしていきましょう。

最終章

カウンセラービジネスの未来

未来予想図

カウンセリングの需要は、これからも伸び続けていきます。

本書の中でも紹介したように、アメリカでは定期検診を受けるような感覚で、カウンセリングを受けるという社会になっています。

なので、そう遠くない未来に、日本でもカウンセリングは一般化していくと思います。

そして、オンラインカウンセリングもどんどん普及しているところです。

カウンセリングが一般化していけば、社会的にカウンセラーという仕事に対する認知も広がり、社会的な信用も高まっていきます。

ビジネスとして考えたときに、これは大きなチャンスです。

需要の拡大と、社会的信用の獲得が強い追い風になっていくことでしょう。

私のビジョン

私は、コンプレックスにまみれた人間です。

身長は一六〇cm以下、昔はデブでした。

二十四歳まで童貞でした。

取り柄も何もなかったです。

東京に出て社会人になってからも、上司には怒られっぱなしで「給料泥棒」と言われたこともあります。

最初に勤めた会社を辞めて、次の会社で営業をやったのですが、全く鳴かず飛ばずで二〜三ヶ月で辞めてしまいました。

それから、ネットワークビジネスやインターネットビジネスをやったのですが、それもダメで、借金が残るだけでした。

結局、実家に帰らざるを得ない状況になったという、ダメな人生を歩んできました。

二十代の頃は、本当に嘘ばっかりついていて、自分で自分が嫌いでした。

でも、今ではオーナーという立場で社長に任せる形で、東京で一社の企業を経営しています。

実家の会社も継いだので、静岡でも一社の企業を経営しています。

私の生き方から伝えたいことは、「どんなにダメな人間でも、どんなに恥ずかしい過去があっても、希望を持って生きていけば、必ず道は開ける」ということです。

だから、絶対に自殺の道を選ばないで欲しいです。

チビでデブで、女性にもモテず、仕事もできず、上司に怒られ続けて、嘘ばかり吐き続け、借金を背負ったことのあるようなダメ人間でも、頑張って生きています。

でも、そういったコンプレックスがあるからこそ、私は多くの人の悩みや苦しみに共感できるのだと感じています。

自殺をしてしまった甲子園球児の同級生、私の後輩で電通に勤め過労自殺をしてしまった高橋まつりさんのように、才能のある人が自殺してしまうことは、日本にとっても大きな損失だと感じています。

私みたいなダメダメな人生を送ってきた人間でも、頑張って生き抜いて、会社を二社経営するくらいになれているので、あなたにも絶対に希望を捨てて欲しくないです。

私が頑張って生きていくことで、同級生や周りの人たち、子供達に、「こんなダメだったやつでも、頑張って、今は格好良く生きているんだ」という姿を少しでも見せられれば、社会を良くすることにつながると考えています。

あなたも、希望を捨てずに人生を切り拓いていってください。

苦しんだ経験も、悩んだ経験も、全てがあなたの財産であり、人の痛みや苦しみを理解し、共感するための大切な宝物になります。

他人の心に希望を与えれば、自分の心の暗闇にも光が灯ります。

どうか、他人の心に希望を与えられる人生を送っていってください。

おわりに

小さな頃から、本を自分で書きたいという夢を持っていたので、また一つ夢を叶えることができました。

希望を持って生きていけば、どんなにダメだったやつでも、未来を切り拓き、夢を叶えていけるんだということをこれからも証明し続けたいです。

本書では、増加する精神疾患、そして、特に心を病む人の割合が高い、医療福祉分野を専門とする医療福祉カウンセラーという仕事を紹介してきました。

この本を通じて、日本から、少しでもうつや自殺をなくすきっかけになれば、非常に嬉しいです。

そして、今よりも、もっともっと魅力的になり、自分を磨き、格好良い大人になり、希望を与えられる存在になり、カウンセラーという仕事が子供たちからも憧れられるような社会を、あなたと一緒に作っていきたいです。

今後は、自殺した同級生の甲子園球児と高橋まつりさんが、天国から「ありがとう」と言ってくれるような活動をしていきたいです。

とにかく、日本からうつと自殺を減らしていきたいです。

そのためにも、自分自身がカウンセラーとして活動し続け、そして、同志を増やしていきたいです。

あなたにも、一歩前に飛び出して欲しいです。

今後、同志として、一緒に成長していく機会があれば嬉しいです。

そして、仲良くなって、お酒を酌み交わしましょう。

●著者プロフィール

著者名　ＤＡＩＣＨＩ

誕生日　十二月十日

出身地　静岡県

略　歴　加藤学園暁秀高等学校卒
　東海大学卒
　鈴与三和建物株式会社（施工管理）
　東日本住宅株式会社（営業）
　静岡県某所の建設会社（専務取締役）
　東京都原宿の不動産管理会社（取締役会長）

趣　味　1人カフェ、温泉、マッサージ、飲み会

連絡先　ＬＩＮＥ　@494qjbid

医療福祉カウンセリング

2020年6月5日　第1刷発行

著　者　DAICHI

発行者　太田宏司郎
発行所　株式会社パレード
大阪本社　〒530-0043　大阪府大阪市北区天満2-7-12
TEL 06-6351-0740　FAX 06-6356-8129
東京支社　〒151-0051　東京都渋谷区千駄ヶ谷2-10-7
TEL 03-5413-3285　FAX 03-5413-3286
https://books.parade.co.jp
発売元　株式会社星雲社（共同出版社・流通責任出版社）
〒112-0005　東京都文京区水道1-3-30
TEL 03-3868-3275　FAX 03-3868-6588

印刷所　創栄図書印刷株式会社

ISBN 978-4-434-27408-4　C0047